PARIS

IMPRIMERIE DE L. TINTERLIN ET Ce

Rue Neuve-des-Bons-Enfants, 3.

LA
QUESTION POLONAISE

EN FACE

DES PARTIS EN FRANCE

PARIS

E. DENTU, LIBRAIRE-ÉDITEUR

GALERIE D'ORLÉANS, 17 ET 19, PALAIS-ROYAL

1864

AVANT-PROPOS

Tout homme d'un cœur tant soit peu humain, en présence des événements qui accablent la nation polonaise, comprendra aisément les souffrances morales qui en résultent pour chaque membre de cette grande et malheureuse famille.

Ballotée constamment entre l'espérance d'un facile et prompt secours et les soupçons d'indifférence ou d'intentions hostiles, tandis que la jeune Pologne va résolûment se sacrifier pour la patrie, la vieille émigration polonaise, assistant de plus près à toutes les péripéties de la politique européenne à l'égard de leur cause commune, tombe dans l'abattement du désespoir.

Chez elle l'aide de la France était d'abord une certitude, fondée sur les sympathies du peuple et sur l'intérêt même du gouvernement français, ensuite un fait probable, ne dépendant que des événements qui ne tarderaient pas à se produire.

Les sympathies et l'intérêt de la France sont toujours les mêmes, les événements se succèdent, et la Pologne, après avoir épuisé ses ressources par des sacrifices immenses de sang et de fortune, reste abandonnée à son dévouement patriotique, qui doit la conduire à son dernier supplice.

Il y a bien des hommes qui rangent l'abandon de la Pologne dans l'ordre naturel des nécessités et des impossibilités.

Ne pouvant pas nous rendre à leur raisonnement, nous en avons cherché les causes ailleurs. Nous les trouvons dans la disposition générale des esprits de notre époque et dans les intérêts exclusifs de certains partis en France.

Nous présentons le fruit de notre recherche au public, comme une simple étude de mœurs. Ayant scrupuleusement évité toute personnalité et toute allusion choquante, nous espérons que, en raison de la profonde douleur qui l'a arraché à notre plume, il nous sera pardonné par ceux-mêmes qui croiraient y reconnaître leurs portraits.

Le 31 mars 1864.

LA

QUESTION POLONAISE

EN FACE

DES PARTIS EN FRANCE

I

Un philosophe, placé dans la sphère élevée de l'indépendance et du désintéressement, contemplant avec calme le spectacle qui se déroule actuellement dans notre monde civilisé, que de choses étranges et bizarres ne doit-il pas apercevoir.

Gouvernants et gouvernés, aristocrates et démocrates, monarchistes et républicains, dévots et indifférents, comme éblouis par le vertige, méconnaissent les vérités les plus simples, les hommes s'agitent et se tourmentent dans un sens contraire à leurs vrais intérêts.

Le monde moral, il est vrai, depuis la création, ne présente qu'un conflit perpétuel entre le bon et le mauvais principe, entre la vérité et le mensonge. Ormusd et Arhiman, Dieu et Satan se disputent toujours l'humanité, et, l'histoire en main, il est aisé de voir que l'esprit des ténèbres n'a jamais abandonné la partie. Au temps où nous vivons, il semblerait même que la balance du destin penche sensiblement de son côté.

Le Messie est venu, et, par sa divine parole, il a consacré la vérité, flétri le mensonge, démasqué Satan et montré la voie du salut.

Par le sublime sacrifice de son individualité terrestre accompli sur le Golgotha, et par sa résurrection, le Christ a racheté l'homme et scellé le pacte éternel de sa réconciliation avec Dieu.

Mais cette rédemption, acte tout à fait individuel, ne pouvait d'abord qu'être le germe d'une réhabilitation progressive de l'humanité entière, déposé dans le cœur des hommes auxquels il confia l'apostolat de sa bonne nouvelle.

Ce n'est donc que par la force de la divine vérité que le Christianisme pouvait se propager successivement pour devenir la seule et inébranlable base de toute la société humaine ; d'abord d'individu à individu, ensuite de famille à famille, et enfin de nation à nation.

Ce travail dure depuis dix-huit siècles, et l'histoire nous montre quelles péripéties, quelles vicissitudes il a fait traverser au genre humain.

Renfermée pendant les premiers siècles dans des groupes de croyants, la foi nouvelle se manifesta au monde par la persécution et le martyre ; maîtresse des sociétés entières, elle prend fatalement le feu et le glaive pour instrument de son action et de son extension ; répandue sur les trois quarts du globe, elle se nourrit de dissidences et de haines pour des futilités de forme et au détriment du fond de sa doctrine qui se résume dans la loi commune de la charité chrétienne.

Après tant de déchirements et tant de souffrances, où en sommes-nous à l'heure qu'il est ? Le Christianisme, qui a assuré le salut aux hommes de bonne volonté, en traçant la voie certaine qui y conduit, a-t-il produit son dernier effet sur la vie collective des sociétés humaines ?.

C'est ce que nous nous proposons d'examiner dans le présent aperçu, en retraçant succinctement les faits que l'histoire nous a transmis dans toute leur irréfragable évidence, et dont l'état de malaise actuel ne fut que le résultat inévitable.

Il serait inutile de remonter ici jusqu'à l'origine des sociétés qui se sont formées sous les auspices de la morale chrétienne, en prenant pour base le sentiment de famille ou de race commune. Dans l'intérêt de notre sujet, nous n'avons qu'à envisager les actes du dernier siècle et l'état présent de l'Europe qui en est la conséquence immédiate.

La Pologne, après avoir, pendant des siècles, fidèlement servi la chrétienté et les intérêts de la civilisation européenne, se tenant, pour son propre compte, rigoureusement sur le terrain de la défensive, fut, dans un moment de défaillance et de troubles intérieurs, envahie par une nation alors encore étrangère et presqu'inconnue à l'Europe ; ensuite dépouillée de tous ses droits, de toutes ses libertés civiles et politiques, enfin déchirée et partagée au profit de l'envahisseur et de ses complices. Ce crime s'accomplit au milieu même du travail que la nation polonaise avait entrepris pour sa régénération et sa réorganisation dans toutes les conditions d'une société viable.

On sait quelle était l'attitude du reste de l'Europe chrétienne en face d'une pareille énormité. L'Empire turc seul s'en émut à cause de l'imminence d'un danger plus immédiat, dont la destruction d'un État intermédiaire menaçait sa propre existence.

Le démembrement de la Pologne fut le signal d'une alliance indissoluble entre les trois puissances co-partageantes ; et, malgré les contestations passagères qui pouvaient surgir pour dès causes toutes locales et très-secon-

daires, elles sont, jusqu'à présent, restées étroitement
unies dans leur but primitif et essentiel : l'action commune
contre la liberté et contre la France son foyer principal.⌐

La Russie, faisant ainsi un pas de géant dans la direction tracée à son ambition par Pierre le Grand, s'est vue
tout d'un coup en possession de cette large base d'opéra-
tion sans laquelle elle ne pouvait avoir nulle prise sur
l'Europe. Un pied sur la mer Noire et l'autre sur la Baltique, elle s'érigea bientôt en véritable colosse qui, de sa
hauteur, pouvait désormais regarder avec un fier dédain
les deux puissances inféodées dans ses tendances ambi-
tieuses par leur complicité dans un crime qui ne leur valut
que quelques lambeaux de la grande dépouille, sans aug-
menter ni leur force réelle, ni leur influence sur la marche
de la politique européenne.

Mais le terrain qui, dorénavant, devait servir de pié-
destal à ce nouveau colosse, n'était guère propice pour en
faire d'emblée un monument solide et durable :

Le profond sentiment de nationalité du peuple polonais,
les souvenirs ineffaçables de grandeur, d'indépendance et
de liberté que lui léguait son histoire, ainsi que sa foi reli-
gieuse, étaient autant d'éléments volcaniques qui faisaient
de la Pologne un vaste cratère menaçant à tout moment
d'une éruption qui ébranlerait cette œuvre monstrueuse et
la renverserait de toute sa grandeur postiche.

Il fallait donc, pour conserver le fruit de son iniquité,
déblayer le terrain de tous les obstacles qui en rendaient
la possession incertaine et éphémère.

Pour arriver à leurs fins, les spoliateurs de la Pologne
employèrent successivement tous les moyens que peut
inspirer le génie du crime : d'abord astuce et mensonge,
ensuite oppression et compression, enfin violence et
cruauté.

Croyant que le sentiment national et le souvenir historique ne trouvaient d'écho que dans le cœur de la noblesse, qui, dans les derniers temps de la décadence polonaise, s'était laissée aller aux extravagances du faste et de la vanité, c'est à elle que l'on s'adressa d'abord en caressant ses mauvais instincts.

On sait qu'avant 1772, à part quelques familles descendant des princes Varègues ou Jagellonides, qui ont conservé ce titre, et de princes ou comtes du Saint-Empire nommés par les empereurs d'Allemagne, mais dont les titres resteront toujours équivoques au point de vue patriotique, toute la noblesse polonaise ne formait qu'un corps de chevalerie d'une parfaite égalité de droits.

Bientôt après le partage, l'Autriche présenta à l'ambition et à l'opulence de la noblesse polonaise un leurre en lui offrant les titres de comte et de baron contre une taxe assez forte (20 à 40 mille florins) ; elle y entrevoyait le double avantage de se concilier un parti oligarchique et de créer, en même temps, une nouvelle ressource à son trésor.

La Russie et la Prusse suivirent son exemple. De là vient cette traînée de comtes et de barons polonais qui, depuis le dernier siècle, promènent leurs titres tout improvisés à travers l'Europe, et qui, avant cela, n'étaient que de simples gentilshommes favorisés par la fortune.

L'oppression et la compression du sentiment national s'exerçaient simultanément par les trois puissances co-partageantes ; chacune selon son génie et selon ses moyens :

Impositions directes exorbitantes sous le titre de capitation, d'impôt foncier et mobilier, sans compter mille autres exactions indirectes, onéreuses et vexatoires qui pesaient sur tout le monde, et tout particulièrement sur les israélites : entraves de toute espèce appliquées au libre essor de l'industrie, dans le but d'empêcher le développement de la richesse et avec elle celui des forces vitales d'un pays conquis dont la soumission définitive n'était point assurée.

— Le gouvernement russe débuta dans la dénationalisation de la Pologne par l'incorporation de la plus grande partie de ses provinces dans son empire ; il la continua depuis par l'exil et la déportation en Sibérie des citoyens suspects de patriotisme ; ceux d'Autriche et de Prusse par la suppression de la langue nationale dans toutes les administrations et dans toutes les écoles du gouvernement, et de plus par l'intrusion de toute une population de fonctionnaires allemands qui s'abattirent sur ce malheureux pays comme une nuée de sauterelles sur une plaine exubérante de séve et de prospérité.

Malgré tous ces efforts, communs aux trois puissances, la Prusse seule réussit à dénationaliser, en partie, quelques contrées de ses provinces polonaises. Le contact immédiat des frontières de l'ancienne Pologne avec l'Allemagne lui rendait le déversement des flots de populations allemandes beaucoup plus facile.

Les massacres d'Human en Ukraine, préparés par Catherine II, les sanglantes saturnales de la jacquerie galicienne, organisées par le gouvernement autrichien en 1846, et la conduite de la Prusse envers les habitants du duché de Posen, en 1848, témoignent assez jusqu'où pouvait aller la cruauté des trois puissances.

Leur conduite actuelle envers l'insurrection polonaise n'est que l'application des mesures conçues et concertées d'avance pour le cas échéant.

Depuis le premier partage de son antique patrimoine, la nation polonaise n'a rien perdu du sentiment de son droit ni de sa profonde conviction qu'un jour viendra où justice lui sera rendue, pourvu qu'elle ne cesse de travailler elle-même au redressement des torts qui lui ont été faits sous les yeux de l'Europe impassible.

Jusqu'à présent, de génération en génération, on a vu son corps dépecé se réunir en fantôme sanglant pour revendiquer ses droits sacrés et imprescriptibles dans une lutte à outrance, mais inégale et accompagnée de sacrifices presque surhumains.

Dans le désespoir de ses défaillances, outre son Dieu, dans lequel la nation polonaise a toujours conservé une confiance inébranlable, elle ne pouvait tourner ses regards suppliants que vers la France. Mais, hélas! ne refaisons pas ici le triste récit des consolations qui lui vinrent de ce côté-là; désormais, elles font partie de l'histoire des deux peuples.

Qu'il nous soit permis seulement d'analyser les causes ou les prétextes qui ont si mal servi la Pologne auprès de son alliée naturelle.

II

Pour éviter les redites, cornées depuis longtemps aux oreilles d'un monde blasé, passons rapidement sur les premières phases des événements qui permettaient à la France de venir, sans difficultés insurmontables, au secours de la Pologne. Elles ont chacune amené leur expiation presqu'immédiate pour constater que l'état de la Pologne a toujours exercé une grande influence sur les destinées de la France.

Jetons d'abord un voile sur la conduite, bien connue, de Louis XV, à l'égard de la Pologne à l'époque de son premier partage; la révolution et la chute de la monarchie la suivirent de près.

Au traité de Bâle, sous le Directoire, la France eut une bonne occasion de dicter aux puissances, contre lesquelles elle avait combattu victorieusement, des conditions dans l'intérêt de la liberté et du progrès, et de récompenser en même temps les Polonais pour leur fidélité et leur dévouement. Sous des prétextes plus ou moins spécieux, dont le principal était l'accusation du manque d'un vrai libéralisme, elle n'en fit rien.

Une occasion, meilleure encore, se produisit pour la République française lors du traité de Campo-Formio, où, grâce à l'immense génie de son capitaine, elle devenait toute-puissante. Mais ce capitaine, se sentant dorénavant plus fort que la République, sacrifia la Pologne, cette fois, en vue des vastes projets qu'il avait déjà conçus pour son avenir glorieux ; bientôt après arriva la chute du Directoire et de la République elle-même.

En 1812, lors de la campagne de Russie, malgré toutes les facilités qui s'offraient au héros vainqueur de l'Europe entière, la reconstitution du royaume de Pologne fut encore une fois abandonnée ou reculée dans l'esprit de Napoléon I\\ :^{er}, et la terrible catastrophe, que le monde civilisé déplore encore, ne s'est pas fait attendre longtemps.

Après un tel désastre et un si profond épuisement de toutes les forces vitales, vint naturellement une stagnation de tous les élans généreux et patriotiques, en France comme dans le reste de l'Europe fatiguée.

Lorsqu'en 1830 l'esprit de liberté se réveilla de nouveau, quel ne fut pas son retentissement dans le monde entier ; il eut, pour conséquence immédiate, l'affranchissement de la Belgique et l'insurrection de la Pologne.

Mais le gouvernement, qu'un parti rétrograde et matérialiste donna à la France, en s'identifiant avec l'esprit de ses commettants, n'eut rien de plus à cœur que d'enrayer le char de l'État dans les ornières du matérialisme, et le salut de la Pologne fut troqué contre une reconnaissance douteuse du fait accompli.

Pendant dix-huit ans, il s'y traîna péniblement de concession en concession vis-à-vis de l'étranger, et de compression en compression des libertés nationales, jusqu'à ce qu'un nouveau réveil du peuple français le précipita dans une chute déplorable.

III

Nous abordons maintenant un sujet bien plus délicat et plus scabreux, car c'est l'actualité. En présence du drame qui se joue dans l'Europe, et les acteurs en scène, la vérité entraîne une grande responsabilité pour le téméraire qui oserait la dévoiler tout entière.

Nous ne pouvons donc que nous renfermer dans des considérations générales et, faisant abstraction de toute personnalité, observer scrupuleusement les convenances les plus rigoureuses de style et d'allusions.

Au milieu du désordre d'une profonde perturbation sortie d'un mouvement généreux, mais intempestif, un prince, dont les antécédents étaient de bon augure et fournissaient autant d'arguments à la confiance des hommes avides d'ordre et de liberté, saisit d'une main vigoureuse le gouvernail du vaisseau de l'État. Une nouvelle ère de bonheur allait poindre sur l'horizon de la France et répandre ses bienfaits sur toute l'Europe opprimée et sur l'humanité souffrante.

Voilà le rêve dont nous nous laissâmes charmer nous-mêmes, et dont la réalisation nous semblait devoir commencer avec le rétablissement du calme et de la sécurité intérieurs.

Mais, hélas ! les princes eux-mêmes, quelque forts qu'ils soient par leur génie et par leur volonté, n'ont point de puissance surhumaine, et doivent compter avec les éléments qui composent les moyens et les instruments de leur action.

Le bon et le mauvais principe sont toujours en lutte ; le côté moral et le côté matériel s'entrechoquent sans cesse dans les tendances de l'esprit humain, et si la position des princes les place au-dessus des intérêts matériels proprement dits, ce que l'on appelle chez le citoyen ambition et égoïsme, se traduit chez eux souvent par des préoccupations personnelles d'un ordre plus élevé, qu'il ne nous appartient pas de spécifier.

Mille fois heureux le monarque qui sait concilier ses propres intérêts avec ceux de son peuple.

Les idées de liberté, d'égalité et de fraternité sont, dans leur sens abstrait, d'une vérité absolue ; mais, dans la pratique, elles rencontrent toujours leur éternel et implacable antagoniste : l'intérêt personnel.

Tâchons maintenant d'analyser et d'examiner de plus près les divers éléments que la France offrait à son nouvel élu, comme moyen d'action, pour être conduite à des destinées plus heureuses.

Dès le début, il était facile à comprendre que, unis momentanément pour donner une solution, au moins provisoire, à une situation qui entraînerait le pays dans sa ruine, les divers partis cultivaient en arrière-pensée chacun un but définitif bien différent.

Ici, il nous semble à propos de définir chacune des fractions qui composent la société française sous le nom de partis.

La noblesse française, comme disent les historiens, périt en grande partie à Crécy et à Poitiers ; l'esprit de la chevalerie s'affaissa avec la Ligue du bien public, et le dernier reflet de sa splendeur s'éteiguit dans Bayard et dans le roi passé chevalier par lui ; Richelieu lui porta le coup de grâce ; car les compagnous de Turenne et de Villars ne furent plus que de bons soldats et de fidèles serviteurs du roi, et leurs successeurs que des courtisans façonnés aux allures de la Régence.

Aujourd'hui, nous y voyons des noms plus ou moins authentiques, avec des préoccupations d'intérêts plus positifs que le sentiment chevaleresque.

Le clergé français, en tant que parti, s'est depuis longtemps identifié et fusionné avec la noblesse. Leurs tendances et leur activité politique sont devenues les mêmes.

Si, en dehors de ces deux fractions du parti légitimiste, la légitimité ou le droit divin compte encore quelques adhé-rents sincères parmi la bourgeoisie, ce ne saurait être que par une aberration exceptionnelle de l'esprit humain ; car ni leur véritable intérêt personnel, ni l'intérêt général du peuple français ne les y convient : ce serait plutôt l'effet d'une vanité ou une affaire de genre ridicule qui se traduit, d'après Molière, par la dénomination de bourgeois-gen-tilhomme.

Le parti orléaniste se recrute presque exclusivement dans la bourgeoisie ; car les membres de la noblesse, au-trefois ralliés, sinon à ses opinions politiques, du moins aux avantages qu'ils pouvaient en retirer, n'ont pas hésité à donner de nouveau le même exemple de palinodie sous le régime impérial, auquel aussi la plus grande partie de la bourgeoisie, autrefois orléaniste dévouée, s'est rattachée pour le même motif.

Nous pouvons donc, au point de vue de leurs communes tendances sociales, confondre toutes ces nuances d'intérêt en un seul parti, sous le nom de bourgeoisie.

A côté des deux partis précédents, celui du peuple proprement dit se compose de travailleurs de la campagne ou paysans, et de ceux de la ville, plus particulièrement connus sous la simple dénomination d'ouvriers.

Dans toutes les nations agricoles qui composent la grande famille indo-européenne, le cultivateur, attaché au sol qu'il arrose de sa sueur et féconde par ses efforts paisibles pour en tirer les trésors qu'il répand ensuite sur toute la surface de son pays et sur toutes les classes de la société, est de sa nature stationnaire, comme la terre, objet principal de son affection, et, par conséquent, moins accessible au progrès des lumières qui ne pénètrent jusqu'à lui qu'à travers les intérêts locaux de famille et de clocher.

Mais si la politique lui reste souvent étrangère et indifférente, le bon sens et les sentiments d'humanité ne lui ont jamais fait défaut, et il suit volontiers toute impulsion qui lui est donnée dans cette direction.

L'ouvrier de la ville, dégagé des soucis de la terre et de ces intérêts restreints qui entravent le libre essor de l'esprit humain et de l'intelligence, vivant au jour le jour du salaire de son travail, au milieu d'un frottement continuel avec les résultats du progrès de la civilisation, véritable troubadour de la société, s'élance en pleine carrière avec son imagination et ses penchants : le sentiment du vrai et du juste, la sympathie pour ceux qui souffrent, la compassion pour une victime innocente, retentissent plus vivement dans son cœur et le rendent plus prompt à traduire ses sentiments par l'action.

L'armée française, se recrutant dans toutes les classes de la nation, se compose naturellement des trois éléments que nous venons de définir; mais la masse appartient nécessairement à l'élément populaire. Sa force et son esprit tout français lui viennent donc de cette source.

Aussi sommes-nous convaincus qu'à part quelques rares exceptions, tombant exclusivement sur les grades supérieurs, dont la possession peut inspirer le désir de jouir paisiblement d'une position déjà acquise, l'armée française est toujours prête à s'élancer avec enthousiasme à la suite de son chef pour la réalisation de toute idée généreuse.

Le jeune officier, quand même il ne partagerait pas le dévouement désintéressé du soldat, stimulé par son esprit de corps, par le sentiment de l'honneur militaire et par sa perspective d'avenir, ne manquera jamais d'émulation dans l'accomplissement de son devoir.

Le soldat français, outre la supériorité que lui donne le sentiment de sa nationalité sur toutes les autres armées de l'Europe, et dont une armée polonaise seule pourrait présenter un second exemple, possède encore une qualité inappréciable ; c'est cette impétuosité que l'on appelle la *furia francese.*

Dans de telles conditions, une armée est invincible quand elle combat pour une bonne cause et sous les auspices de l'opinion publique, non-seulement de son pays, mais aussi de toute l'Europe civilisée. Il n'y a point de Wrangel ni de Benedeck au monde qui soient de taille pour lui résister.

Plus d'une fois nous avons entendu dire et répéter par des officiers eux-mêmes, que la gloire de Palestro, de Magenta et de Solferino n'était due qu'à la valeur personnelle du soldat français. (

IV

Après avoir défini les divers éléments dont se composent les trois fractions de la nation française, qu'il nous soit permis de signaler leur attitude respective vis-à-vis de la Pologne.

Le parti légitimiste et le clergé, dans leurs aspirations communes au retour d'un ancien régime, depuis 1789 renversé de fond en comble en France et ébranlé jusque dans ses fondements dans le reste de l'Europe, après tant de leçons restées infructueuses, ne veulent pas encore se convaincre de la vanité de leurs espérances.

Le droit divin et le privilége de naissance n'ont plus de racine dans l'esprit humain ; la Révolution française les en a extirpés à jamais.

Chaque époque du progrès humanitaire a son idée fondamentale inspirée par la Providence, et la grande étape actuellement assignée à la marche du genre humain, c'est, sans contredit, le régime de l'égalité et de la liberté constitutionnelles. Il faudrait être singulièrement aveuglé par les passions égoïstes pour ne pas s'en apercevoir.

L'attitude du parti légitimiste et de ses organes à l'égard de la Pologne, se ressent naturellement de ses aspirations et de ses espérances fondées sur une idée entièrement fausse et sur des éventualités désormais inadmissibles.

Voici leur raisonnement :

L'alliance de la Russie avec l'Autriche et la Prusse, représentant le principe du droit divin et de l'ancien régime monarchique, pourra seule ramener en France la restauration du même principe et du même régime. La Pologne, avec son esprit de nationalité, d'indépendance et de liberté, toujours en lutte contre ses oppresseurs et contre leurs principes, est le seul obstacle à la réalisation de leur rêve de bonheur.

De là viennent l'hostilité permanente contre toute idée de rétablissement d'une Pologne indépendante, les invectives, les calomnies contre tout un peuple martyr et victime de la plus atroce tyrannie qui se font jour par l'organe des orateurs et de la presse légitimistes.

Sous l'influence des mêmes idées, à de rares exceptions près, le clergé français suit la même pente.

Abusant, contre toute évidence, des mots de révolution et de révolutionnaire, là où il ne s'agit que d'une restauration de la justice et des droits imprescriptibles, les organes de la légitimité persistent à attribuer tous les caractères subversifs de la démagogie à une insurrection organisée par la partie de la nation la plus intéressée au maintien de l'ordre et des bons principes. Clergé, noblesse, bourgeoisie, jeunesse studieuse, ont beau se mettre à la tête du mouvement national et subir le martyre plutôt que de céder à l'oppression étrangère ; rien n'y fait ; ils ne cessent de le traiter d'anarchie et de rébellion. Pendant que la Pologne catholique prie et verse son sang pour sa nationalité et sa foi, tout un parti en France, celui précisément qui se targue le plus de son catholicisme, lui refuse même la consolation de la prière ; et lorsque le Saint-Père, mû par un scrupule de conscience, la recommanda au clergé, elle fut prononcée si bas qu'on eût dit que c'était pour l'empêcher de monter jusqu'au ciel.

Le temps n'est plus où le noble français prenait pour devise : Noblesse oblige ; *quantum mutatus ab illo !*

Après un travail de plusieurs siècles, par son intelligence scientifique ou industrielle, la bourgeoisie française avait d'abord conquis sa place au soleil de la liberté sous le titre de tiers-état, ensuite la robe. La révolution de 1789 lui livra l'épée ; on sait combien elle a été terrible dans sa main, tant qu'il s'agissait d'élargir et d'assurer sa conquête : on connaît les héros de la Gironde et les géants de la Convention.

Mais, une fois maîtresse de tout le terrain déblayé, la masse de la bourgeoisie, nous le constatons avec peine, fit rentrer en elle-même sa fougue humanitaire pour exploiter sa conquête exclusivement à son profit. Dès ce jour, naquit le parti de la paix à tout prix prenant pour devise : *Chacun pour soi, chacun chez soi.* Dans les derniers temps, du haut de la tribune nationale, son grand apôtre, pour tout précepte de moralité, lui cria : « *Enrichissez-vous, enrichissez-vous.* »

L'état actuel de ce parti se résume dans la crainte d'événements qui puissent le déranger dans la quiétude de ses jouissances.

Parlez-leur de la Pologne, de son droit sacré, du sentiment d'humanité, des intérêts de la civilisation, etc. ; vous aurez toujours le même adage stéréotypé pour réponse : « Nous ne pouvons pas nous engager à traverser toute « l'Allemagne pour avoir ensuite à combattre l'Autriche, « la Prusse et la Russie ensemble. »

Ainsi parlent même des hommes instruits qui savent fort bien que, sans les peuples de la Gallicie, de la Hongrie et de la Vénétie, qui tous lui sont hostiles, l'empire de Habsbourg se réduit à deux petites provinces allemandes : l'archiduché d'Autriche et le comté de Tyrol ; car même la Bohême et la Moravie, où l'élément slave prédomine, quelque ancienne que soit cette possession, ne lui sont attachées qu'à titre de fait accompli ; ils n'ignorent pas que le royaume des Hohenzollern, abstraction faite de ses parties polonaises et de quelques provinces où l'on se complait encore à s'affubler du nom d'une peuplade sauvage, exterminée depuis des siècles par les chevaliers de l'ordre teutonique, compte beaucoup plus de patriotes allemands que de Prussiens ; enfin que, sans avoir besoin de traverser l'Allemagne, un corps d'armée allant au secours de la Pologne, quelque petit qu'il fût, débarqué sur les côtes de la Baltique ou du côté de la mer Noire, au milieu d'un peuple qui, presque sans armes et sans munitions de guerre, tient tête, depuis quinze mois, au colosse moscovite bien approvisionné de tout, ressemblerait, comme nous l'avons insinué ailleurs (1), à cette boule de neige qui, précipitée du sommet d'une montagne, forme une avalanche irrésistible.

Quant aux organes de ce parti, nous passerons sous silence toutes ces plumes, soit salariées, soit capricieuses, qui n'ont que des blâmes pour la Pologne, voire même ce dialecticien qui, après avoir cherché en vain à bouleverser toutes les idées d'ordre social et d'économie politique, remplit maintenant ses moments de loisir à ramasser de la boue dans les sentines de la calomnie pour la jeter sur la Pologne et sur les Polonais. Toutes ces déclamations peuvent bien flatter l'intérêt mal compris et les aspirations que nous venons de signaler, mais elles n'entrent dans la conviction de personne. Nous nous bornerons donc à mentionner le principal et seul sérieux organe de la bourgeoisie. Là, lorsque des hommes intègres et vraiment supérieurs consacrent quelquefois une colonne de journal à leur sympathie pour une cause juste et malheureuse, se terminant souvent par une jérémiade de l'impuissance, la première colonne est presque toujours occupée par un correctif calmant distillé d'une plume endormeuse, d'un phlegme tout à fait germanique, et n'ayant pour les opprimés que le conseil de la soumission.

Dans les deux fractions de la nation française dont nous venons de retracer l'attitude, il y a un grand nombre d'hommes qui, à leur point de vue égoïste, n'entrevoyent le salut et la prospérité de leur noble patrie que dans une étroite alliance avec le czar de Moscou, et qui, à cette fin, n'hésiteraient pas à serrer cordialement les mains ensanglantées des bourreaux de la Pologne.

(1) *Solutions possibles de la Question polonaise,* chez Dentu.

> . . . . non ut
> Serpentes avibus geminentur tigribus agni.

Nous éprouvons souvent le sentiment pénible d'entendre prononcer de ces vœux sacriléges, même par des jeunes hommes pleins de vie, d'intelligence et d'honneur.

Mais ce qui est navrant surtout, c'est de penser qu'une quantité de gentilshommes, de prêtres et d'honnêtes bourgeois français, étaient d'accord avec les Mouraview et les Berg pour fonder leurs espérances de paix sur un hiver rigoureux qui devait porter le coup de grâce aux martyrs de la nation polonaise.

Le peuple n'a point encore d'organe sorti directement de son sein. Quelques hommes généreux appartenant aux fractions précédentes ont embrassé sa défense et se sont faits les organes et l'écho de ses sentiments. Peu nombreux, hélas! ce sont là aussi les seuls défenseurs de la cause polonaise dans toute sa large acception humanitaire. Les nobles paroles de quelques hommes d'un cœur vraiment français, qui ont retenti au sein des grands corps de l'État, et la voix infatigable de quelques journaux qui ne cesse de se faire entendre dans l'intérêt de la justice et de l'humanité foulées aux pieds par la Russie, découlent de cette source.

L'attitude de l'armée française est conforme à la définition que nous en avons faite plus haut ; elle n'a pas besoin d'organe spécial qui prenne sa défense. Le chef de l'État est son défenseur naturel et intéressé ; elle est entièrement à lui et ne demande qu'à être conduite à de glorieux exploits.

Nous ne saurions terminer notre analyse sans consacrer aussi quelques mots à un parti sortant du sein de la bourgeoisie, et qu'on appelle purement républicain.

Moins important par son nombre que par son activité,
il est conséquent dans son attitude vis-à-vis de la Pologne,
comme les légitimistes ; nous aiderions volontiers, disent
les hommes de ce parti, la Pologne à s'affranchir du joug
qui pèse sur elle ; mais nous ne voudrions, pour rien au
monde, que l'Empereur allât à son secours, car une pareille
expédition, en réussissant, ne pourrait que le consolider.

. . . .

C'est de là que sont parties les quelques voix éloquentes
qui, au Corps Législatif, se sont fait entendre avec autant
d'insistance, exclusivement en faveur des libertés inté-
rieures, en reniant pour la première fois, au sujet de la
Pologne, les principes des nationalités et de la solidarité
des peuples.

V

Après avoir tracé en traits rapides, mais fidèles, ce nous
semble, le caractère politique et l'attitude de chacune des
fractions de la nation française, qu'il nous soit permis aussi
de toucher succinctement la situation générale qu'un tel
état des esprits a créée à la France vis-à-vis de l'Europe,
La puissance du peuple français, immense, irrésistible.
lorsqu'il s'agit d'atteindre un but fixé par les justes aspirations du genre humain, reste latente et stérile.
Le souverain, même le plus populaire, se voit toujours
les mains liées, et son élan généreux arrêté ou obstrué
par le cercle épais d'intermédiaires inévitables qui le sé-
pare du peuple et lui cache son véritable sentiment.
De là vient que nous assistons à une série de rappro-

chements des faits qui, au premier abord, peuvent sembler contradictoires, mais qui s'expliquent aisément par la situation intérieure que nous venons d'analyser.

Nous nous bornerons à en rappeler ici seulement quelques-uns qui rentrent dans le domaine de l'histoire :

La campagne de 1854, entreprise pour préserver l'existence de l'Empire ottoman contre les empiétements de la Russie, s'ouvrit en Crimée. Après des torrents de sang français et anglais versés sur un espace de terrain compris dans la propriété d'un seul boyard ; après des milliards engloutis dans l'étroite lisière de la presqu'île de Tauride comprise entre la mer et la Tchernaïa, elle aboutit à la prise d'une seule ville, à une leçon de bravoure et de persévérance française et anglaise donnée aux Russes, avec injonction de contenir leur rancune jusqu'au moment où ils se sentiraient de nouveau assez forts pour relever leur tête.

Cependant, il était facile à comprendre qu'une diversion du côté d'Odessa et un mouvement dirigé vers le centre de la Pologne auraient pu (les événements actuels sont là pour le confirmer), en moins de temps et avec moins de frais, délivrer à jamais des empiétements moscovites, non-seulement la Turquie, mais aussi l'Europe entière.

Le traité de 1856, où la France demandait certaines garanties pour la nation polonaise et où la diplomatie se contenta de quelques promesses vagues faites de son autorité personnelle par le représentant de la Russie, était tout à fait en rapport avec le résultat de la campagne qui l'avait provoqué.

La campagne de 1859 s'ouvrit sous les auspices des augustes paroles qui promettaient l'Italie libre depuis les Alpes jusqu'à l'Adriatique, et si, sur le bord du Mincio, se produisirent des circonstances qui firent réfléchir l'Empereur, ce n'est certes pas qu'il doutât un seul instant du soldat ou du peuple français ; l'un et l'autre l'auraient, avec ardeur, suivi jusqu'au bout. Le doute et l'arrêt, au milieu de la victoire, venaient donc d'un autre côté.

Lorsqu'en 1861, à la suite d'une entreprise audacieuse exécutée par un héros patriote italien, la Sicile et Naples se furent délivrés d'un gouvernement despotique et anti-national, et qu'il ne resta plus, pour couronner une œuvre tendant à l'unité italienne inaugurée par la France elle-même, que la prise de Gaëte, où s'était réfugié le roi, la flotte française ferma le port de cette ville.

Le résultat définitif n'était pas douteux, mais il coûta de nouveaux flots de sang et la destruction d'une grande partie de la ville.

Certes, ce n'était ni dans l'intérêt du gouvernement ni dans celui du peuple français ; c'était donc une mesure de convenance jugée nécessaire à l'égard d'un seul parti.

A Rome, le pouvoir temporel du Pape, battu en brèche depuis longtemps, par la raison et par l'opinion éclairée des peuples qui l'accusent d'une contradiction flagrante avec la doctrine essentielle de l'Église chrétienne puisée dans les paroles de son divin fondateur ; le pouvoir temporel, auquel l'humanité reproche tant de guerres désastreuses et de déchirements qui eurent lieu dans le sein de l'Église elle-même, soutenu par un seul parti, ne tient plus qu'à un fil ; mais ce fil s'appelle *armée française*.

La nation polonaise, après la campagne de Crimée, ayant compris que dorénavant elle ne devait plus compter sur aucun secours qui lui arriverait du dehors ; mais ne voulant et ne pouvant renoncer à ses aspirations légitimes de nationalité et d'indépendance, se recueillit ; elle mit plusieurs années à se constituer et à se préparer pour toute éventualité par la prière et par le sacrifice.

Ses projets n'étaient pas encore assez mûris et les

moyens d'exécution pas encore assez complets pour engager, à elle seule, contre son puissant oppresseur, une lutte
inégale. Vint un moment où il valait mieux mourir avec
honneur que de se soumettre avec opprobre. La nation polonaise n'hésita pas dans cette alternative ; elle commença
la lutte presque sans armes, et sans armée. C'est alors qu'en
France son désespoir fut taxé, par un organe officiel, de
passions insurrectionnelles indignes de l'attention du gouvernement.

Cependant, bientôt la lutte polonaise prit des propor-
tions plus grandes et plus lugubres qui commencèrent à
émouvoir les esprits, et la diplomatie crut le moment ar-
rivé pour daigner lui ouvrir ses cartons.

Nous n'avons pas besoin de retracer ici son action ni le
résultat qu'elle a obtenu ; ils se résument dans les paroles
où le prince Gortschakoff, en réponse à un toast, les com-
pare à un château de cartes que, appuyé sur le patriotisme
russe, il a pu renverser d'un seul souffle.

Après bien du sang versé, des violences et des atrocités
sans nom commises sur un peuple qui ne réclame que la
justice ; quand enfin un profond sentiment de sympathie
et de compassion, se faisant jour à travers cette confusion
d'intérêt et d'opinion, donna lieu aux généreuses paroles
du plus puissant monarque, qui retentirent en France et
en Pologne, répétées par de joyeux échos, et qui mirent
en émoi tous les esprits en Europe, l'espoir et l'attente
d'une proche solution heureuse s'emparèrent des Polonais
et de leurs vrais amis.

Cette joie, hélas ! ne fut pas de longue durée. De ce
moment, on le sait, date le revirement complet de l'Autriche à l'égard de l'insurrection polonaise. Sa perfidie
qui, jusqu'alors, s'exerçait d'une manière occulte et sous le
manteau de la bienveillance entravée par les nécessités
internationales, devint une persécution ouverte dans cet

intérêt commun qui constitue la raison d'être et la base de l'alliance indissoluble des trois puissances co-partageantes.

Immédiatement une intrigue ourdie de longue main, sous le prétexte de la nationalité d'une petite province allemande, fut habilement exploitée pour détourner de la Pologne, où l'on égorge une grande nation, l'attention et l'intérêt que lui portaient la France et l'Angleterre. L'invasion et la guerre du Danemark ne sont que des scènes détachées pour masquer le drame principal qui se joue en Pologne.

Qui l'aurait cru! ils ont parfaitement réussi. Depuis que les Autrichiens et les Prussiens ont mis le pied sur le sol holsteinois, dans les régions officielles de l'Occident on ne parle presque plus de la Pologne ; les organes de la presse sont tous absorbés par le conflit dano-allemand, et l'intérêt du public, sauf les esprits les plus clairvoyants, reste maintenant indécis entre la Pologne et le Danemark.

Nous sommes à la veille de voir se renouer cette alliance infernale, subversive de toutes les libertés et de tout sentiment national, et profaner de nouveau le nom de *sainte* qu'elle s'était donné comme par dérision et pour insulter le genre humain ; le danger du grand conflit des deux principes qui se partagent encore le domaine de l'Europe est imminent ; toutes les puissances sont sous les armes ; le sang coule à flots depuis quinze mois dans une lutte à mort entre la nation polonaise et la Russie ; à cette lutte prennent part, plus ou moins directement, l'Autriche et la Prusse, qui sont en guerre ouverte avec le Danemark, et on déclame encore en faveur de la paix générale et de l'équilibre européen, comme si cette paix et cet équilibre existaient réellement.

C'est en Pologne qu'est le nœud-gordien à trancher dans l'intérêt de la civilisation. La France, à elle seule, en viendrait facilement à bout ; mais elle peut compter sur des alliés solides et d'autant plus sûrs que, en défendant la nationalité et l'indépendance polonaises, ils contribueraient à leur propre sécurité.

Et pourtant, nous ne voyons rien poindre sur l'horizon qui fût d'un si heureux augure.

Quant aux souverains de l'Europe centrale, ils ont tous un grain d'autocratie à offrir à leurs peuples, et ce n'est pas de leur faute si le terrain qu'ils cultivent ne lui est pas aussi propice que la Russie. Ceci nous semble déjà suffisant pour expliquer leur indifférence à l'égard d'un peuple qui lutte pour son indépendance et sa liberté ; mais leur argument principal, c'est toujours la sympathie réciproque et l'analogie morale qui existent entre les deux nations française et polonaise.

Après tant de cruautés sans nom ni précédent commises par le gouvernement russe, le *Journal des Débats* nous rapporte de Cracovie et de Galicie, avec un sang-froid imperturbable, la nouvelle de l'incarcération de deux dames de la plus haute distinction, et de la fustigation de deux filles du peuple pour délit de nationalité, sans que le monde civilisé s'en émeuve davantage, et il n'y a pas une seule puissance au monde qui ait le courage de dire aux bourreaux : Arrêtez ! c'est assez de pendaisons, de fusillades, de massacres, d'incendies et de dévastations ; trève aux sanglants outrages prodigués aux sentiments humains et à la civilisation. O triste humanité !

CONCLUSION

En contemplant toutes ces aberrations et ces contradic-
tions, au milieu desquelles s'agite le monde d'aujourd'hui,
le fataliste pourra bien dire que, malgré tout, les destinées
s'accomplissent ; mais l'homme croyant répond : « Les
« voies de la Providence divine sont mystérieuses, ses
« décrets sont impénétrables ; elle avertit les hommes par
« l'évidence des faits, leur indique son but et la voie qui y
« conduit.

« Malheur à l'humanité récalcitrante : plus tôt ou plus
« tard, elle sera ramenée sur la voie du progrès, mais par
« de grands moyens expiatoires, comme ceux dont l'his-
« toire du monde nous fournit déjà tant de terribles exem-
« ples, et alors, empires, royaumes et villes superbes
« ressemblent à des victimes parées pour être menées au
« sacrifice. »

Sur le déclin de ses jours, Charlemagne pleura, dit-on,
à chaudes larmes, en songeant aux malheurs qui allaient
fondre sur son empire. Plus jeune, il eût été trouver l'hydre
dans son nid et en aurait triomphé comme précédemment
du Saxon et du Lombard.

En plantant la croix dans la presqu'île scandinave, il
l'eût empêchée de vomir ses Oscher et ses Hastings, ses
Rollon et ses Sydroc sur le monde chrétien.

Si le profond sentiment de notre insignifiance ne nous
défendait pas d'exprimer notre avis en face d'un puissant
monarque, nous le formulerions ainsi :

« Sire, suivez la voix du peuple, c'est celle de Dieu ;

« c'est là surtout que vous retrouverez les votes sincères
« des *neuf millions*. Servez-vous des moyens irrésistibles
« que la Providence a mis entre vos mains dans l'intérêt
« commun de la France et de l'humanité ; qu'il soit cons-
« taté de nouveau que, *lorsque l'armée française marche,*
« *elle est précédée d'une grande idée et suivie d'un grand*
« *peuple.*

« Sire, un secours de votre part prêté à la Pologne, la
« sauverait ; il dissoudrait du même coup cette agglomé-
« ration factice de peuples de diverses nationalités que l'on
« nomme Empire d'Autriche, compléterait l'unité italienne,
« rendrait à la Hongrie son indépendance, et ferait de
« l'Allemagne le pays le plus pacifique et le plus heureux.
« C'est ainsi que la paix générale et l'ère de bonheur à
« laquelle aspire l'humanité, seraient fondées pour la
« gloire éternelle de la France et de votre dynastie. »

Une dernière et triste réflexion :

Si la Pologne pouvait aimer la Russie et le despotisme,
comme elle aime la France et la liberté, en se prêtant à
cette fusion rêvée par le marquis Wielopolski, à certain
point de vue, elle serait peut-être plus heureuse ; mais,
hélas ! les affections nationales ont cela de commun avec
l'amour individuel, qu'elles amènent plus souvent le dépé-
rissement et le suicide qu'un renoncement complet.

FIN